AF263510

CONFÉRENCES DE L'HOTEL-DE-VILLE D'ALAIS.

—

17 février 1866.

—

NAPOLÉON Ier

ORATEUR ET ÉCRIVAIN,

PAR M. ALEX. DUCOURNEAU.

> — Je viens réclamer pour Napoléon Ier
> une place au soleil dans nos établissements
> d'instruction publique. Ce génie littéraire
> si pur et si fécond est une des gloires de
> la langue française et a le droit d'être
> *classique*

ALAIS.

Typographie & lithographie de A. Veirun.

—

1866.

CONFÉRENCES DE L'HOTEL-DE-VILLE D'ALAIS.

—

17 FÉVRIER 1866.

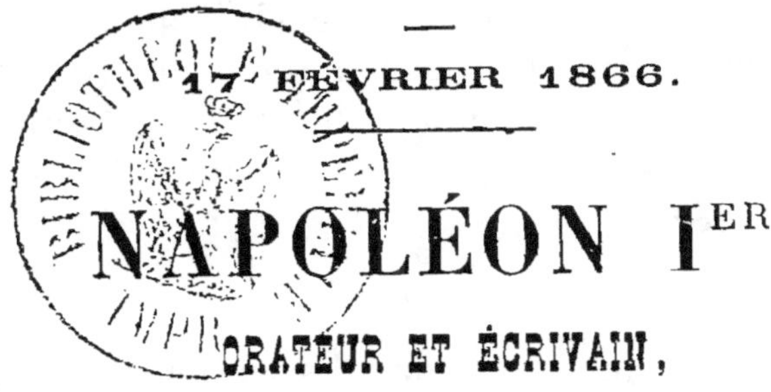

NAPOLÉON IER

ORATEUR ET ÉCRIVAIN,

Par M. Alex. DUCOURNEAU.

> — Je viens réclamer pour Napoléon Ier
> une place au soleil dans nos établissements
> d'instruction publique. Ce génie littéraire
> si pur et si fécond est une des gloires de
> la langue française et a le droit d'être
> *classique.*

MESSIEURS,

On ferait plusieurs volumes des titres seuls des
livres dont Napoléon Ier est le héros.

Un intérêt indéfinissable s'attache, en tous lieux,
à la mémoire de cet homme qui, lui-même, se crut
et se proclama l'envoyé du destin. Parcourez la
France, parcourez le monde, et toujours vous trou-
verez le culte de son nom; son nom! il vit entouré
d'une magique auréole dans les pays d'Europe et
aux flancs de l'Himalaya, dans les sables de l'Afrique
et au sommet des Cordillières. Son image est appen-
due dans la chaumière du paysan et sous la tente du
cosaque nomade; des voyageurs l'ont rencontrée

jusque dans la hutte du nègre de l'Ethiopie. Long-
temps même, dans leur superstition, les peuples
attachèrent une idée d'immortalité à la vie terrestre
de Napoléon ; la nouvelle de sa mort leur avait semblé
un mensonge :

> Longtemps aucun ne l'a cru,

a dit Béranger, interprète fidèle des sentiments popu-
laires.

Mais pour raconter et pour juger cette épopée
de vingt ans, il faut suivre le guerrier dans ses
foudroyantes campagnes de quelques jours, où le
génie mettait le sort d'un empire au prix d'une seule
bataille ; il faut s'asseoir à ses côtés dans les Congrès
de diplomates et de rois, où il faisait à nouveau la
carte de l'Europe et préparait le bouleversement de
l'ancien monde ; il faut entrer avec lui au Conseil
d'Etat, et assister à ces discussions religieuses, mo-
rales, philosophiques, qu'il éleva si haut par la
puissance de sa pensée, la force de sa logique, l'éclat
de sa parole ; il faut méditer profondément sur les
sublimes dictées de Sainte-Hélène, éclairer la politique du souverain à la pensée du prisonnier. Résumant enfin tant et de si grandes choses accomplies,
tentées, projetées, il faut apprécier les résultats de
cette dictature immortelle, et surtout les immenses
services qu'elle a rendus à la cause de la civilisation.
Armand Carrel a pu dire : « Maintenant même que
le colosse est renversé sur le sol, une vie d'homme
ne suffirait pas à le mesurer. »

Napoléon, encore adolescent, pressentit qu'une
révolution allait éclater et accomplir une véritable
transformation dans les institutions politiques et les

relations sociales. Quel rôle jouera-t-il? Quelle influence exercera-t-il sur les événements ou sur la société? Comment se montrer à la hauteur d'une grande destinée? Deux carrières se présentent à lui : la carrière des sciences et celle des armes.

Les sciences avaient pour ce génie naissant un attrait invincible. Avide de connaître, il cherche sans cesse; il veut pénétrer les secrets de la nature, remonter au principe et à l'origine des choses, faire des découvertes qui placeraient son nom à côté des noms les plus illustres. Les lauriers de Newton l'empêchaient de dormir. — « Tout jeune, a-t-il dit lui-même, je m'étais mis dans l'esprit de devenir un inventeur, un Newton (1). »

L'autorité de sa famille et l'empire des circonstances l'arrachèrent à ses beaux rêves et à ses études favorites : il dut opter pour la carrière militaire. Et cet aveu du futur conquérant est précieux à recueillir : « Le métier des armes est devenu ma profession, *ce ne fut point de mon choix* (2). »

N'ayant pu être *inventeur* à la manière de Newton, il ne se découragea point. Il avait conscience de sa mission; il s'était dit comme Dante : « *Se tu segui la tua Stella;* si tu ne perds pas de vue le phare céleste, tu dois aborder à un port glorieux. »

Laissez ce vaste et flexible génie se développer, il sera grand capitaine comme Alexandre et César, législateur comme Justinien, Charlemagne et saint Louis. De la pointe de son épée il écrira des poèmes

---

(1) *Notions synthétiques et historiques de Philosophie naturelle,* par Geoffroy Saint-Hilaire.

(2) *Études progressives,* par le même.

aussi beaux que ceux d'Homère; il burinera l'histoire comme Tacite; il aura, à la tête de ses armées, le prestige oratoire de Tyrtée. Au sein du Conseil d'Etat, il sera éloquent comme Démosthènes ou Mirabeau. A l'Institut, il pourra rivaliser avec les hommes de science et les littérateurs les plus renommés.

Au milieu de ses vastes entreprises, Napoléon ne perdit pas de vue les œuvres de l'esprit et leur influence sur la civilisation.

Il encourage sans cesse les arts, les lettres, les sciences; il s'associe à tous les efforts de l'intelligence, visite dans son atelier Canova ou le statuaire David, applaudit au talent de Gros ou d'Horace Vernet, donne des leçons à Talma sur l'art dramatique, prend part aux discussions sur le Code civil, suit avec intérêt les expériences de Volta, accepte la dédicace de la *Mécanique Céleste* et du *Génie du Christianisme,* ces deux grands monuments de la science et de la littérature au XIXme siècle.

Et ce n'est pas seulement par ses encouragements, par ses bienfaits, par ses conseils, qu'il alimenta le grand foyer littéraire et scientifique de notre époque, mais aussi par ses actes, par l'impulsion de son génie, par sa merveilleuse destinée, par l'influence de sa personnalité toute puissante.

Aux œuvres de Monge, Berthollet, Fourcroy, Fourier, Conté et tant d'autres savants sont dus les progrès et la richesse de l'industrie moderne, les magnifiques travaux du génie civil et militaire; les expériences de Volta, de Jean Aldini, de Geoffroy Saint-Hilaire, d'Ampère, ont abouti au télégraphe électrique; l'éloquence politique s'est perfectionnée au sein du Conseil des Cinq-Cents et du Tribunat, témoins Benjamin Constant, Régnault Saint-Jean d'Angély, Manuel et Camille Jordan; la science du droit a été fécondée sous l'inspiration des Portalis, des Cambacérès et des Tronchet; l'histoire et la peinture se sont enrichies des prodiges accomplis aux yeux de l'Europe étonnée; lord Byron, Lamartine, Béranger, Hugo, Delavigne, Barthélemy et Méry ont consacré à la mémoire du héros de sublimes ou de touchantes inspirations poétiques.

Mais, parmi toutes ces armées fabuleuses qui s'en allèrent conquérir le monde, le plus grand poète, sans contredit, c'était Napoléon, qui, peu de jours avant Marengo, consultait les étoiles sur le ciel bleu et pur de l'Italie, et traçait avec la foi d'un aruspice ce cri de guerre : *Battaglia!* sur le laurier gigantesque des îles Borromées.

A la distance où nous sommes, toute poésie nous semble pâle et bégayante, à côté de l'énergique réalité de l'homme et de ses actions, à côté même de la sévère et puissante poésie de ses paroles : nous avouerons qu'il n'est pas d'éloquence qui ne nous paraisse languissante, quand nous venons de lire ces redoutables proclamations qu'adressait Napoléon à la grande armée avant d'entrer en campagne ou la veille des batailles, sourd grondement de tonnerre qui fait battre le cœur dans l'attente de la foudre. Trouver une poésie qui aille à la taille du héros, c'est un difficile problème, car cet homme prodigieux semble avoir deviné lui-même la juste mesure du merveilleux langage qui convenait au merveilleux de sa position et de ses actes. Qu'on le suive dans toutes les occasions : laisse-t-il échapper aucun des grands traits de sa situation? A Arcole, aux Pyramides, à Austerlitz, sur le *Bellérophon*, il évoque à la fois les souvenirs de l'histoire et les impressions probables de l'avenir; tout lui est présent, et sans sortir de cette réalité sévère que personne n'a su mieux dominer que lui, il trouve des couleurs admirables pour chacune des circonstances. Tantôt la métaphore orientale avec sa pompe et son éclat, tantôt le rude et populaire idiome du soldat, dont la trivialité devient grandiose dans sa bouche; tantôt la vive et pressante énergie de la polémique dans ses manifestes du *Moniteur* (1).

Et nous voici tout naturellement amené à considérer Napoléon comme orateur et écrivain, à l'examiner sous la face la plus belle et la plus précieuse, sans laquelle son génie serait incomplet. Aux yeux de la postérité, Napoléon, ce sera la France, ce sera le xixme siècle, marquant de son nom l'ère nouvelle des peuples et résumant sa double puissance d'action : la parole et le glaive.

Nul n'a plus que lui étonné les hommes et il les a étonnés autant par son langage que par ses desseins. De lui plus que de tout autre on peut dire ce mot fameux : *le style est l'homme*. Il écrit et il parle comme il agit. Sa parole est une action qui s'exprime; son action est une parole qui se réalise.

---

(1) Une grande voix nous arrive des solitudes de l'Océan; Napoléon, à son tour, raconte sa vie et son règne; il s'interprète lui-même, et poète à sa manière, élève jusqu'à l'idéal ses desseins et son caractère.

Vinet : *Littérature française au XIXme siècle.*

Original entre tous les poètes, il a disposé sa vie comme un poème antique ou comme un conte arabe : et chacun de ses rêves est devenu un fait, même les plus étranges ; chacune de ses inventions a pris un corps, même les plus hardies.

Puissant parmi tous les orateurs, il a renversé d'un mot des gouvernements séculaires, il a animé de son souffle et de sa voix des millions de soldats en armes ; il a parlé seul pendant dix ans à l'Europe silencieuse.

Comme orateur militaire, Napoléon est de tous points supérieur et incomparable. Il a enrichi la littérature française, déjà si riche, d'un nouveau genre où il est sans modèle et sans rival, la proclamation ; il a créé une éloquence nouvelle après tant de triomphes oratoires, l'éloquence militaire. Sous ce rapport, il est classique et mérite de prendre place au premier rang de nos écrivains. Il a fait des proclamations comme Pascal des pensées, Bossuet des oraisons funèbres, Lafontaine des fables et Molière des comédies. Il est dans ce genre le premier et le dernier.

Chénier s'exprimait ainsi le 7 février 1808 au sein de l'Académie française :

« Dans les temps où, loin des calamités de l'inté-
« rieur, la gloire nationale se conservait inaltérable,
« naquit une autre éloquence, inconnue jusqu'alors
« aux peuples modernes. Il faut même en convenir,
« quand nous lisons dans les écrivains de l'antiquité
« les harangues des plus renommés capitaines, nous
« sommes tentés de n'y admirer souvent que le
« génie des historiens. Ici, le doute est impossible ;
« les monuments existent : l'histoire n'a plus qu'à

« les rassembler. Elles partirent de l'Italie les belles
« proclamations où le vainqueur de Lodi et d'Arcole,
« en même temps qu'il créait un nouvel art de la
« guerre, créa l'éloquence militaire, dont il restera
« le modèle. »

La séance était publique et l'assemblée, ce jour-là,
était plus nombreuse que d'habitude. L'Empereur
présent se lève, interrompt tout-à-coup Chénier, et
la main sur le cœur, le corps penché, la voix altérée
par une émotion visible : « C'est trop ! c'est trop !
« Messieurs ; vous me comblez ; les termes me man-
« quent pour vous témoigner ma reconnaissance ! »

Les proclamations de Napoléon étaient, en effet,
comme un vrai cri de guerre. Au bruit de sa voix,
nouvelle trompette de Josué, les trônes croulent
comme de vieux murs, la terre tremble dans ses
fondements. L'orateur n'est là qu'un miroir réflec-
teur, concentrant en son cœur et sa tête les rayons
de ce feu sacré épars de toutes les têtes, sortis de
tous les cœurs. Et dès que le général a parlé, nos
légions triomphent et les hordes s'enfuient. Il y a
dans cette éloquence, brune de poudre, je ne sais
quel cliquetis d'armes, quelle odeur de salpêtre qui
enivre les uns et terrifie les autres ; il y a dans ces
harangues fécondes des munitions, des forts, des
soldats, les Alpes et le Rhin, la victoire, la France.
Aussi vrai que le style est l'homme, la parole de
Napoléon, c'est la France.

Empereur, sa voix s'élève aussi haut que sa destinée. Avec les aigles romaines et le manteau des
Césars, il prend le tour fier et bref de l'antique
langue impériale, l'énergie lapidaire, la simplicité
sublime du latin, *imperatoria brevitas*.

Ainsi l'écrivain se modifie chez lui avec l'homme ; d'abord bouillant et désordonné comme une lave, son style finit par devenir dur, grand et froid comme du bronze. Autant les bulletins d'Arcole et d'Aboukir sont agités et pittoresques, autant ceux d'Austerlitz et d'Iéna sont majestueux et sévères.

Écoutez cette proclamation d'un général de vingt-six ans à l'armée d'Italie. Quelle verve ! quel élan ! quelle confiance, quel ton de vainqueur et de maître !

« Soldats, vous avez en quinze jours remporté six victoires, pris vingt-un drapeaux, cinquante pièces de canon, plusieurs places fortes, fait quinze cents prisonniers, tué ou blessé plus de dix mille hommes. — Vous êtes les égaux des conquérants de la Hollande et du Rhin. Dénués de tout, vous avez suppléé à tout. Vous avez gagné des batailles sans canon, passé des rivières sans ponts, fait des marches forcées sans souliers, bivouaqué sans eau-de-vie et souvent sans pain. Les phalanges républicaines, les soldats de la liberté étaient seuls capables de souffrir ce que vous avez souffert. Grâces vous soient rendues, soldats ! la patrie a droit d'attendre de vous de grandes choses. Vous avez encore des combats à livrer, des villes à prendre, des rivières à passer. En est-il d'entre vous dont le courage s'amollisse ? En est-il qui préféreraient retourner sur les sommets stériles de l'Apennin et des Alpes, essuyer patiemment les injures de cette soldatesque esclave ? Non, il n'en est pas parmi les vainqueurs de Montenotte, de Millesimo, de Dégo et de Mondovi ! — Amis, je vous la promets cette glorieuse conquête, mais soyez les libérateurs des peuples, n'en soyez pas les fléaux ! »

Ce discours électrise l'armée, et Napoléon ne fit

plus que marcher de triomphe en triomphe, dans ces immortelles campagnes d'Italie.

Son discours après la bataille d'Austerlitz est un chef-d'œuvre d'éloquence militaire. Il est content de ses soldats; il se mêle à eux, il leur rappelle ceux qu'ils ont vaincus, ce qu'ils ont fait, ce qu'on dira d'eux; pas un mot des chefs; l'Empereur et les soldats, la France pour perspective, la paix pour récompense, la gloire pour souvenir. Quel commencement et quelle fin!

« Soldats! je suis content de vous, vous avez décoré vos aigles d'une immortelle gloire. Une armée de cent mille hommes, commandée par les empereurs de Russie et d'Autriche, a été, en moins de quatre heures, ou coupée ou dispersée; ce qui a échappé à votre fer s'est noyé dans les lacs. — Quarante drapeaux, les étendards de la garde impériale de Russie, cent vingt pièces de canon, vingt généraux, plus de trente mille prisonniers, sont le résultat de cette victoire à jamais célèbre. Cette infanterie tant vantée et en nombre supérieur, n'a pu résister à votre choc, et désormais vous n'avez plus de rivaux à redouter. — Soldats, lorsque le peuple français plaça sur ma tête la couronne impériale, je me confiai à vous pour la maintenir toujours dans ce haut éclat de gloire qui seul pouvait lui donner du prix à mes yeux. Soldats, bientôt je vous ramènerai en France. Là vous serez l'objet de mes plus tendres sollicitudes, et il vous suffira de dire : *J'étais à la bataille d'Austerlitz,* pour qu'on vous réponde : Voilà un brave! »

Comme orateur politique, Napoléon a également laissé des monuments de sa puissante éloquence. Il

avait, comme Mirabeau, cette habitude de la méditation et du travail, cette passion de l'étude, cet
exercice continuel de la pensée, par lesquels il s'était
préparé dans tous les temps et dans tous les lieux à
l'accomplissement de la mission qu'il semblait attendre de la justice de la Providence.

Comme lui, il fut doué à un haut degré de l'aptitude politique dont on retrouve les traces, non-seulement dans ces travaux du Conseil d'Etat qui nous
étonnent, même aujourd'hui, par la profondeur et
la maturité de leurs vues, mais encore dans d'autres
écrits publiés sur toutes les matières législatives,
historiques, militaires. On y reconnaît cette intelligence étincelante et rapide, pressée d'arriver au but.
Parmi ses qualités, en première ligne, il faut citer
l'action. Chez Napoléon comme chez Mirabeau, l'action était simple et familière, mais ardente, originale et quelquefois irrésistible; il donnait à sa pensée une saveur, à sa parole un accent qui le rendaient
le maître des esprits les plus endormis et les plus
blasés. Il était impossible de l'entendre de sang-
froid, tant il y avait en lui, dans certains moments,
de verve, d'entraînement et d'éclat : c'était une
logique au galop, c'étaient des mots brillants comme
des éclairs, c'étaient des vivacités mordantes, c'était
une raison contenue et impétueuse, c'était enfin tout
ce qui fait une puissance de la parole de l'homme.

Ainsi ces deux figures, l'une avec sa face de lion,
l'autre taillée comme une médaille antique, avaient
plus d'un point de ressemblance : le même génie
d'organisation, le même coup-d'œil, la même énergie de volonté. Et de même que Sylla avait dit en
parlant de César : il y a en lui plusieurs Marius, on

pouvait dire aussi qu'il y avait plusieurs Mirabeau dans le jeune héros de la Révolution.

On a recueilli presque toutes les improvisations de Napoléon au Conseil d'Etat. C'est Tronchet, dit-on, qui apprenait jour par jour au Premier Consul les points de droit que l'on discutait. L'esprit de Bonaparte s'emparait de ces notions superficielles, les faisait siennes, et tandis que le maître s'effaçait complaisamment, l'élève communiquait à ses idées une originalité puissante et d'éblouissantes clartés qui étaient comme la divination du génie.

On cite comme modèle le fragment suivant, à propos des droits politiques réclamés par des étrangers d'origine française :

« Le plus beau titre sur la terre, c'est d'être Français! C'est un titre dispensé par le ciel, et qu'il ne devrait être donné à personne, sur la terre, de pouvoir retirer. Pour moi, je voudrais qu'un Français d'origine, fût-il à la dixième génération d'étranger, se trouvât encore Français, s'il réclamait ce titre. Je voudrais, s'il se présentait sur l'autre rive du Rhin, disant : *Je suis Français!* que sa voix fût plus forte que la loi; que les barrières s'abaissassent devant lui et qu'il rentrât triomphant au sein de la mère-patrie!... Je veux élever la gloire du nom Français si haut, qu'il devienne l'envie des nations. Je veux un jour, Dieu aidant, qu'un Français voyageant en Europe, croie se trouver partout chez lui! »

Majestas populi, disait le Romain; majesté du peuple français, répétait après lui Napoléon.

Une des improvisations les plus chaleureuses de l'Empereur fût peut-être celle qu'il prononça au

sujet de l'organisation des trois bans de la garde
nationale ; on va juger jusqu'à quel point il poussait
la prévoyance. Ce fut un an après l'expédition de
Russie que ce projet fut présenté au Conseil. Le
premier ban, recruté de jeunes gens, devait, en cas
d'invasion, marcher jusqu'aux frontières ; le second,
composé de jeunes gens mariés, ne devait pas quit-
ter le département ; le troisième, pris parmi les
individus d'un âge mûr, restait spécialement attaché
à la défense du chef-lieu. Par cette vaste organisation, plus de deux millions d'hommes se trouvaient
armés, classés, enrégimentés : la France était impre-
nable !

Malouet, parlant contre le projet, déclara que
cette mesure alarmait tout le monde ; que chacun
craindrait que, sous prétexte de défense intérieure,
on ne l'entraînât plus loin.

« Messieurs, s'écria l'Empereur, vous êtes tous
des pères de famille, jouissant d'une certaine aisance
et exerçant des emplois importants ; vous devez avoir
une certaine popularité et pour ainsi dire une clien-
tèle, vous seriez bien gauches ou bien peu zélés, si
avec tous ces avantages, vous n'exerciez pas une
grande influence d'opinion, Or, comment se fait-il
que vous tous qui me connaissez si bien, me laissiez
si peu connu ? Et depuis quand, dites-moi, m'avez-
vous vu employer la ruse et la fraude dans mon gouvernement ? Est-ce que je suis timide ? Ai-je l'usage
des voies obliques ? Si j'ai un défaut, c'est de m'ex-
pliquer quelquefois trop vertement, trop laconique-
ment peut-être... J'ordonne en gros, parce que je
m'en repose ensuite, pour la forme et pour les
détails, sur les intermédiaires qui exécutent ; et Dieu

sait si, sur ce point, j'ai beaucoup à me louer? Mais passons, je ne veux faire ici la censure de personne. Si donc j'avais besoin d'hommes, je les demanderais hardiment au Sénat, qui me les accorderait; et si je ne les obtenais de lui, je m'adresserais moi-même au peuple, et vous le verriez marcher avec moi! — C'est que le peuple, voyez-vous bien, ne connaît que moi; c'est par moi qu'il jouit sans crainte de ce qu'il a acquis; c'est par moi qu'il voit ses frères, ses fils indistinctement avancés, décorés, enrichis; c'est par moi qu'il voit ses bras utilement employés, ses sueurs accompagnées de quelques jouissances. Il me trouve toujours sans injustice, sans préférence, car il voit, il touche, il comprend tout cela et rien de plus. Croyez donc qu'il fera toujours ce que nous réglerons pour son bien. Soutenez donc avec moi l'institution des bans de la garde nationale; que, par vous, chaque citoyen connaisse, au besoin, le poste qu'il devra occuper; que les principaux fonctionnaires soient dans le cas de prendre un fusil et de monter la garde devant la porte de leur hôtel, et alors vous aurez une nation maçonnée à chaux et à sable, et capable de défier les hommes et les siècles.... »

Ce projet changea vingt fois de rédaction, et, malgré les paroles de l'Empereur, finit par être mis de côté. S'il eût été adopté, peut-être n'aurions-nous eu à déplorer ni l'invasion étrangère, ni les désastres de Waterloo.

Napoléon déchu trouva sur le rocher de Sainte-Hélène une prison étroite et dure, un repos homicide après une vie pleine de mouvement. Les souvenirs, la conversation, les livres remplirent cette dernière période. Il fournit à l'histoire par ses dictées d'importants matériaux. Sa pensée infatigable remua dans ses entretiens les matières de l'esprit, comme son action avait remué la moitié de la terre ; il sema des jugements sur toute chose : guerre, politique, littérature, histoire ; il possédait, d'ailleurs, toutes les facultés qui font l'écrivain. Son imagination si prompte à s'émouvoir, excellait à peindre et donnait des reliefs saisissants à sa pensée. Parmi les hommes d'action qui ont su manier la plume, nous ne lui connaissons pas de rival. Le prisonnier de Sainte-Hélène avait le droit de s'écrier avec indignation : « Ils sont allés jusqu'à prétendre que je ne savais pas écrire ! »

Les *Mémoires* de Napoléon le placent hors ligne : ils égalent ceux de César par la simplicité et la noblesse, et les surpassent par la méthode et l'exactitude, la précision des descriptions, et « un style pittoresque, toujours sobre et vrai, où dominent la pensée et la volonté, où l'imagination se fait jour par éclairs. »

Il avait conçu le projet de réunir en un seul corps d'ouvrage les campagnes des grands généraux de tous les temps. Il voulait prouver que, malgré la différence des lieux et des moyens de guerre, tous s'étaient conduits par les mêmes principes et avaient dû le succès de leurs entreprises à l'observation invariable des mêmes règles. Il a développé cette opinion en trente pages qui sont un admirable abrégé des campagnes des grands maîtres dont sa jeunesse s'était nourrie. Dans ce petit tableau, évidemment dicté de mémoire et dicté d'un seul jet, il touche en passant, avec le doigt du génie, les points importants qu'il se proposait de développer un jour avec étendue.

Dans ses considérations sur le livre de Jules César, il expose rapidement et à sa manière chaque campagne; il donne ensuite ses remarques qui, sous la plume d'un tel homme, sont des décisions souveraines. Il n'a jamais paru soupçonner le haut rang qui lui serait assigné comme écrivain par la postérité, et il n'est certainement pas entré dans sa pensée de défier la brièveté et la précision si renommée des *Commentaires*.

Il a refait les récits de César pour son usage, pour la satisfaction de son esprit et pour l'intelligence plus facile des observations qu'il avait à présenter, non sur l'écrivain, mais sur le grand capitaine. Bien écrire, savoir raconter vivement, clairement, logiquement ce qu'on a fait avec vigueur, méthode, raison et génie, cela paraissait si naturel à Napoléon, qu'il ne s'est pas un instant inquiété de la comparaison qu'on pourrait être tenté de faire de son style à celui de César.

« La vie d'un écrivain distingué par une très-grande originalité est le meilleur commentaire de ses écrits : c'est l'explication et, pour ainsi dire, l'histoire de son talent. Cela est vrai surtout de celui qui n'a point, dans sa jeunesse, suivi les lettres comme une carrière, et dont l'imagination, dans l'âge de l'activité et des vives impressions, ne s'est point appauvrie dans les quatre murs d'un cabinet ou dans l'étroite sphère d'une coterie littéraire. S'il est aujourd'hui peu d'écrivains dont on soit curieux de savoir la vie après les avoir lus, c'est qu'il en est peu qui frappent par un caractère à eux, et chez qui se révèle l'homme éprouvé, développé, complété par un grand nombre de situations diverses (1). »

On peut faire à Napoléon l'application de ces lignes. Ce n'est point dans le cabinet qu'il apprit l'art si difficile de l'écrivain; il ne connut jamais l'étroite sphère des coteries et, à l'âge de l'activité et des vives impressions, il avait vu les faces diverses de la vie. Son style, sans artifice et sans recherche, était un chef-d'œuvre pour la sûreté de l'expression qui arrivait toujours abondante comme la pensée, si pleine et si abondante elle-même; et si on ne sentait pas le travail de l'auteur qui retouche avec soin chaque passage, on sentait une inspiration vigoureuse qui donnait à toute chose le mouvement, la forme et la couleur, et jetait dans un même moule le style et la pensée.

Dans son exil, le héros se réfugie avec calme dans le souvenir de sa vie passée. Fidèle à ses engagements, il veut tenir la promesse de Fontainebleau : « J'écrirai les grandes choses que nous avons faites. » Son livre, le *Mémorial*, est écrit comme les livres qui ne meurent pas, avec tout le sang d'un cœur, avec toute la pensée d'un homme. On y trouve des notes admirables sur l'apostolat armé de la France à travers l'Europe, sur le mouvement politique et social, sur les tendances littéraires ou philosophiques du siècle, des jugements exacts et lumineux sur les hommes et les choses; des paroles hardies et qui révèlent le prophète.

Persécuté par son infâme géôlier, Hudson-Lowe, il disait à ses compagnons : « Notre situation peut

---

(1) *Notice sur Paul-Louis Courier*, par A. Carrel.

» avoir des attraits. L'univers nous contemple; nous
» demeurons les martyrs d'une cause immortelle.
» Des millions d'hommes nous pleurent. La patrie
» soupire et la gloire est en deuil. Nous luttons ici
» contre l'oppression des dieux, et les vœux des
» nations sont pour nous. Mes véritables souffrances
» ne sont point ici. Si je ne considérais que moi,
» peut-être aurais-je à me réjouir. Les malheurs ont
» aussi leur héroïsme et leur gloire. L'adversité
» manquait à ma carrière. Si je fusse mort sur le
» trône, dans les nuages de ma toute-puissance, je
» serais demeuré un problème pour bien des gens.
» Aujourd'hui, grâce au malheur, on pourra me
» juger à nu. » — Un autre jour, il leur disait :
« A quel infâme traitement ils nous ont réservés !
» Ce sont les angoisses de la mort ! A l'injustice, à
» la violence, ils joignent l'outrage et les supplices
» prolongés. Si je leur étais si nuisible, que ne se
» défaisaient-ils de moi? Quelques balles dans la
» tête ou dans le cœur auraient suffi. Il y eût eu au
» moins quelque énergie dans ce crime. Si ce
» n'étaient vous autres, vos femmes surtout, je ne
» voudrais recevoir ici que la ration d'un simple
» soldat. Comment les souverains de l'Europe peu-
» vent-ils laisser polluer en moi ce caractère sacré
» de la souveraineté? Ne voient-ils pas qu'ils se
» tuent de leurs propres mains à Sainte-Hélène? Je
» suis entré vainqueur dans leurs capitales; si j'y
» eusse apporté les mêmes sentiments, que seraient-
» ils devenus? Ils m'ont tous appelé leur frère; je
» l'étais devenu par le choix des peuples, la sanction
» de la victoire, le caractère de la religion, les
» alliances de leur politique et de leur sang.....

» Faites vos plaintes, Messieurs, que l'Europe les
» connaisse et s'en indigne! Les miennes sont au-
» dessous de ma dignité et de mon caractère. J'or-
» donne ou je me tais (1) ».

En avril 1816, après la lecture des journaux où
était vivement retracé l'état déplorable de plusieurs
de nos provinces, il s'écria : « Les vérités de la
» révolution française doivent demeurer à jamais,
» tant nous les avons entrelacées de lustre, de
» monuments, de prodiges : nous en avons lavé les
» premières souillures dans des flots de gloire; elles
» seront désormais immortelles. Sorties de la tri-
» bune française, cimentées du sang des batailles,
» décorées des lauriers de la victoire, saluées des
» acclamations des peuples, sanctionnées par les
» traités, les alliances des souverains, devenues
» familières aux oreilles comme à la bouche des rois,
» elles ne sauraient plus rétrograder. Elles vivent
» dans la Grande-Bretagne ; elles éclairent l'Améri-
» que; elles sont nationalisées en France : Voilà le
» trépied d'où jaillira la lumière du monde. Elles le
» régiront; elles seront la foi, la religion, la morale
» de tous les peuples, et cette ère mémorable se
» rattachera, quoi qu'on en ait voulu dire, à ma
» personne, parce qu'après tout, j'ai fait briller le
» flambeau, consacré les principes, et qu'aujour-
» d'hui la persécution achève de m'en rendre le
» Messie (2). »

Ailleurs, il jette un coup-d'œil prophétique sur
l'avenir :

----

(1) *Mémorial de Sainte-Hélène*.
(2) *Mémorial de Sainte-Hélène*.

« Quel malheur que ma chute! j'avais refermé
» l'outre des vents : les baïonnettes l'ont déchirée.
» Je pouvais marcher paisiblement à la régénération
» universelle! elle ne s'exécutera désormais qu'à
» travers des tempêtes..... »

« Les mœurs publiques sont en hausse et l'on peut
» prédire qu'elles s'amélioreront graduellement par
» tout le globe. La raison humaine, son développe-
» ment, celui de nos facultés, voilà toute la clé
» sociale, tout le secret du législateur. Il n'y a que
» ceux qui veulent tromper les peuples et les gou-
» verner à leur profit qui peuvent vouloir les tenir
» dans l'ignorance. Le premier devoir d'un prince
» est de vouloir ce que veut le peuple. Il faudra tôt
» ou tard que la régénération morale s'accomplisse ;
» c'est en vain que les vieilles aristocraties multi-
» plieraient leurs efforts pour s'y opposer : c'est la
» roche de Sisyphe qu'elles tiennent élevée au-dessus
» de leurs têtes ; quelques bras se lasseront, et au
» premier défaut tout croulera. Le vieux système
» est à bout.... »

Les opinions que Napoléon a émises sur les hommes annoncent autant d'équité et de bienveillance
que de sagacité. Il y a plus : ses opinions sur les contemporains nous paraissent d'ordinaire tellement
impartiales que le peuple, formé en jury, eût la
plupart du temps, selon nous, prononcé comme
Napoléon... Et si l'on veut considérer ces portraits
du point de vue artistique et littéraire, on ne peut
qu'admirer le talent supérieur avec lequel ils sont
tracés. Ce ne sont guère bien souvent que des
esquisses ; mais des esquisses animées, vivantes, où
le trait caractéristique du modèle est merveilleuse-

ment saisi et rendu. Voici, par exemple, le portrait de M. de Châteaubriand :

« Châteaubriand a reçu de la nature le feu sacré :
» ses ouvrages l'attestent. Son style n'est pas celui
» de Racine, c'est celui du prophète. Il n'y a que lui
» au monde qui ait pu dire à la tribune des pairs
» que *la redingote grise et le chapeau de Napoléon*
» *placés au bout d'un bâton, sur la côte de Brest,*
» *feraient courir l'Europe aux armes.* Si jamais il
» arrive au timon des affaires, il est possible que
» Châteaubriand s'égare : tant d'autres y ont trouvé
» leur perte! Mais ce qui est certain, c'est que tout
» ce qui est grand et national doit convenir à son
» génie. »

C'est là un portrait qu'on peut appeler historique.

Vous me saurez gré sans doute, Messieurs, de faire maintenant passer sous vos yeux les jugements de Napoléon sur Corneille, Bossuet, Montesquieu, Thomas, jugements hardis et vraiment impériaux, où vibre encore ce style pittoresque et fier du grand écrivain couronné. Ecoutez :

« Le mouvement qui au xviiime siècle partait de la société et envahissait le pouvoir, je veux qu'il parte du trône, et que partout il réveille et dirige. — Mais pour cela, il faut une base solide, il faut ce bon sens qui, comme dit Bossuet, je crois, est le *maître de la vie humaine.* Je n'aime pas la philosophie du xviiime siècle; je ne l'aime pas même dans ceux qu'on répute les plus sages. Voyez-vous, il y a toujours en eux du déclamatoire. Ceux qui doivent agir ne faisaient pas alors d'assez grandes choses pour que ceux qui regardent et raisonnent pussent écrire avec élévation et simplicité. Aussi, voyez Montesquieu lui-même, que d'erreurs avec un esprit merveilleux ! — Sans doute grâce au fil conducteur que lui tendait Machiavel, il a bien jugé les institutions et le génie des Romains ; il a même supérieurement compris le mécanisme de la légion romaine, et je lui en sais gré pour l'honneur du métier. »

A son avis Tacite a faussé l'histoire pour peindre éloquemment.

« Tacite et ses imitateurs modernes, disait-il, les gens qui, sous l'apathique Louis XV, avaient peur de Tibère, ne sont pas de bons guides en histoire. Point de cette imagination chagrine et conjecturale, en parlant à la jeunesse. Montrez lui la grandeur simple et vraie ; faites lui lire les *Commentaires* de César. Vous me direz qu'il ne s'agit pas de former des conquérants ; d'accord : puis, cela ne s'apprend guère dans les livres. On est né César ; on ne le devient pas ; mais ce qui s'apprend, ou du moins se fortifie, c'est le sens droit pour juger les choses humaines, comprendre l'œuvre du génie, reconnaître à temps César, au lieu de déclamer contre lui. C'est à cela, parmi bien de choses, que sert l'étude ; elle vous donne la raison de l'instinct des masses, et vous fait distinguer de loin les hommes venus pour commander aux autres ; et c'est ce que n'enseigne pas par exemple le rhéteur Thomas faisant sur la tombe de Marc-Aurèle un pamphlet contre les lettres de cachet et le Parlement Maupeou de Louis XV. — Je connais bien cet éloge de Marc-Aurèle. Fort jeune, je l'ai entendu vanter et déclamer au représentant Fréron, quand il était proconsul dans le Midi. Cela me semblait très-sonore ; mais ni l'écrivain, ni même le héros n'est à mon gré. Marc-Aurèle, c'est une sorte de Joseph II dans de plus grandes proportions, philanthrope et sectaire, en commerce avec les Sophistes, les flattant, les imitant et persécutant les chrétiens, comme Joseph II les catholiques des Pays-Bas.

« Avant tout, mettons la jeunesse au régime des saines et fortes lectures. Corneille, Bossuet, voilà les maitres qu'il lui faut. Cela est grand, sublime, et en même temps régulier, paisible, subordonné. Ah ! ceux-là ne font pas de révolutions ; ils n'en inspirent pas. Ils entrent, à pleines voiles d'obéissance, dans l'ordre établi de leur temps ; ils le fortifient, ils le décorent. Quel chef-d'œuvre que *Cinna !* Comme cela est construit ! comme il est évident qu'Octave, malgré les taches de sang du Triumvirat, est nécessaire à l'Empire, et l'Empire à Rome ! La première fois que j'entendis ce langage, je fus comme illuminé, et j'aperçus clairement dans la politique et dans la poésie des horizons que je n'avais pas encore soupçonnés, mais que je reconnus faits pour moi. Le cardinal de Richelieu se plaignait de Corneille ; il ne lui trouvait pas un *esprit de suite*, une dépendance assez docile. Cela se peut. Ce génie tout paisible et modeste qu'il était dans le train ordinaire de la vie, ne devait reconnaitre la souveraineté du génie que dans une pensée maitresse pour son propre compte. Un premier ministre, un favori servant et régnant n'était pas son chef naturel ; mais comme il m'eût compris !

« Quant à Bossuet, c'est la plus grande parole de l'univers chrétien et le meilleur conseiller des princes. Ce que j'ai appris de lui depuis que je suis au pouvoir me le fait encore plus grand. Je l'avais cru d'abord un poète, un Homère biblique. — Le jour où par bonheur je rencontrai Bossuet, où je lus, dans son *Discours sur l'Histoire universelle*, la suite des Empires et ce qu'il dit magnifiquement des conquêtes d'Alexandre, et ce qu'il dit de César qui, *victorieux à Pharsale, parut en ce moment par tout l'univers,* il me sembla que le voile du temple se déchirait du haut en bas, et que je voyais les dieux marcher. Depuis lors cette vision ne m'a plus quitté, en Italie, en Egypte, en Syrie, en Allemagne, dans mes journées les plus historiques, et les pensées de cet homme me revenaient plus éclatantes à l'esprit, à mesure que ma destinée grandissait devant moi (1). »

Enfin, l'*Enéide* de Virgile a donné occasion à Napoléon d'exprimer sur Homère un jugement bien précieux. Après avoir lu l'ingénieux parallèle du célèbre critique, on comprendra pourquoi Alexandre, dans sa conquête de l'Asie, eut toujours à son chevet l'*Iliade* d'Homère, et pourquoi l'*Odyssée* fût une des lectures favorites de Bonaparte, général en chef de l'armée d'Egypte. Homère était arrivé jusqu'à nous sans jouir de toute sa gloire. Combien on est heureux de recueillir l'opinion motivée d'un homme tel que Napoléon sur ce père de la poésie, de la géographie, de l'histoire chez les anciens, grand par l'invention, plus grand encore par le bon sens et par la connaissance des choses qui composaient la civilisation toute guerrière de son temps.

« Si Homère eût traité la prise de Troyes, il ne l'eût pas traitée comme la prise d'un fort, mais il eût employé le temps nécessaire, au moins huit jours et huit nuits. Lorsqu'on lit l'*Iliade*, on sent à chaque

____

(1) *Souvenirs contemporains,* par Villemain, t. 1ᵉʳ.

instant qu'Homère a fait la guerre, et n'a pas, comme le disent les commentateurs, passé sa vie dans les écoles de Chio ; quand on lit l'*Enéide*, on sent que cet ouvrage est fait par un littérateur qui n'a jamais rien fait. On ne voit pas, en effet, ce qui a pu décider Virgile à commencer et à finir la prise, l'incendie et le pillage de Troyes en peu d'heures. Dans ce court espace, il fait même ramasser toutes les richesses dans des magasins centraux. La maison d'Anchise devait être très-près de Troyes, puisque, dans ce peu d'heures et, malgré les combats, Enée y fait plusieurs voyages. Il fallut à Scipion dix-sept jours pour brûler Carthage, abandonnée de ses habitants ; il a fallu onze jours pour brûler Moscou, quoique, en grande partie, bâtie en bois ; et, pour une ville de cette étendue, il faut plusieurs jours à l'armée conquérante pour en prendre possession. Troyes était une grande ville, car les Grecs, qui avaient cent mille hommes, n'essayèrent jamais de la cerner. Lorsque Enée retourne cette nuit même dans Ilion, il retrouve

> » Ulysse, des vainqueurs gardant la riche proie ;
> » Là sont accumulés tous les trésors de Troie.

» Pour cette seule opération, il faut plus de quinze jours, et ce n'est pas dans un moment de désordre d'une ville prise d'assaut qu'on va s'amuser à entasser les richesses dans des magasins centraux.

» Le jour naît : je retourne à ma troupe fidèle.

» Ainsi, d'une heure du matin à quatre heures, c'est-à-dire en trois heures, Enée a été à Troyes, a livré tous les combats dont il rend compte, a défendu le palais de Priam, est revenu chercher Créuse à Troyes et a trouvé la ville toute soumise, ne rendant plus de combats, entièrement occupée par l'ennemi, toute brûlée, et les magasins déjà fermés. Ce n'est pas ainsi que doit marcher l'épopée, et ce n'est pas ainsi que marche Homère dans l'*Iliade*. Le journal d'Agamemnon ne serait pas plus exact pour les distances et le temps et pour la vraisemblance des opérations militaires, que ne l'est ce chef-d'œuvre.

» Le troisième chant n'est absolument qu'une copie de l'*Odyssée;* et dans le quatrième chant, le récit n'est pas dans le genre de celui d'Homère, où tous les jours sont marqués, où toutes les actions ont leur commencement, leur milieu et leur fin, et ne sont pas agglomérées dans un récit général (1). »

Je terminerai par une anecdote.

Je vous ai parlé du goût de Napoléon pour Talma et l'art dramatique. Cependant lorsque le premier consul ceignit le diadème impérial, l'artiste ne croyant plus pouvoir être admis dans l'intimité du nouvel Empereur, négligea de se rendre aux Tuileries, comme il en avait l'habitude, à l'heure du déjeûner. Mais un chambellan alla le chercher de la part de son maître, le jour même où les grands Corps de l'Etat venaient le complimenter sur son élévation au trône.

Napoléon eut avec le célèbre acteur un entretien qui était à tout instant interrompu par l'avis de

-----

(1) *Mémoires de Napoléon*, par Gourgaud et Marchand, t. III.

l'arrivée de nouvelles députations. Talma, craignant d'être importun, voulut se retirer : « Non, non, lui dit l'Empereur, restez. » — Puis s'adressant au chambellan de service : « C'est bien, qu'elles attendent! —Continuons. » Et il reprit l'entretien. Il fit à Talma des observations sur l'exagération de son jeu dans le rôle de Néron et lui conseilla de concentrer plus en lui une sorte de nature qui ne devait pas se répandre au dehors. — « Lorsque les personnes constituées en dignité, lui disait-il, soit qu'elles doivent leur élévation à la naissance ou aux talents, sont agitées par les passions, ou livrées à des pensées graves, elles parlent sans doute de plus haut; mais leur langage ne doit être ni moins vrai, ni moins naturel. Par exemple, en ce moment, nous parlons comme on parle dans la conversation, et bien! nous faisons de l'histoire. » — Un autre jour, l'Empereur lui disait encore : « Vous venez souvent chez moi; ce sont des princesses à qui l'on a ravi leur amant, des princes qui ont perdu leurs Etats, d'anciens rois à qui la guerre a enlevé le rang suprême, de grands généraux qui espèrent ou demandent des couronnes. Il y a autour de moi des ambitions déçues, des rivalités ardentes, des catastrophes, comme aussi des douleurs cachées au fond du cœur, des afflictions qui éclatent au dehors. Certes, voilà bien la tragédie; mon palais en est plein, et moi-même je suis assurément le plus tragique des personnages du temps. Eh bien! Nous voyez-vous lever les bras en l'air, étudier nos gestes, prendre des attitudes, affecter des airs de grandeur? Nous entendez-vous pousser des cris? Non, sans doute; nous parlons naturellement comme chacun parle quand il est inspiré par un intérêt ou une passion. Ainsi faisaient avant moi les personnages qui ont occupé la scène du monde, et joué aussi des tragédies sur le trône. Voilà des exemples à méditer ! »

Et Talma écoutait ; Talma qui nous apparaît de loin dans toute la pompe romaine ; si habile à exprimer tous les nobles transports, toutes les nobles passions, avec son beau regard, son geste royal, sa voix qui sonnait comme l'or, ce beau col entouré de dentelles ; tout ce héros qui traînait à sa suite les passions tendres et terribles ; ce grand artiste, tout entier à son art, auquel il avait sacrifié tous les plaisirs, tous les amours, toutes les joies du monde, se faisait un moment modeste écolier et mettait à profit les leçons du grand Empereur.

La France a eu de tout temps une vive et juste admiration pour le génie et les prodigieux travaux de Napoléon ; mais elle semble ignorer encore combien il mérite d'être admiré comme orateur et comme écrivain.

Dans les abrégés d'histoire nationale, mis entre les mains de la jeunesse, Napoléon passe comme un météore ; on y parle de son apparition, de ses victoires, de ses revers, de sa chute ; mais nos élèves ne connaissent rien ou presque rien de ses idées, de ses opinions, de son style ; ils n'ont jamais lu une page de ses *Mémoires* ou une seule de ses magnifiques harangues. Ils étudient, traduisent les auteurs grecs et latins, commentent nos prosateurs et nos poètes, et jamais ils n'ont pu apprécier ce beau talent littéraire qui est une des gloires de la langue française.

M. le Ministre de l'instruction publique disait, le 19 avril dernier, aux Sociétés savantes :

« Désormais, grâce aux conférences, quiconque aura une idée juste, n'en eût-il qu'une seule, aura la facilité de la produire. »

J'ignore, Messieurs, si mon idée est juste; mais je la livre pour ce qu'elle vaut à votre intelligente appréciation.

Je viens réclamer pour Napoléon une place au soleil, dans les établissements universitaires. Ce génie si pur et si fécond a le droit d'être *classique* et de figurer à côté de César, Tacite, Pascal et Bossuet. Une pareille innovation réparerait un oubli, comblerait une lacune que je signale très-humblement à M. le Ministre de l'instruction publique. Oui, il y a un livre à faire, court, mais substantiel, avec les mille volumes de correspondance, de mémoires, de manifestes, de procès-verbaux du Conseil d'Etat, etc., où le mérite singulier de l'Empereur, comme orateur et écrivain, brille à chaque page; livre qui soutiendra facilement la comparaison avec les plus beaux modèles et dont l'étude pourra donner lieu à des observations neuves et piquantes, à des exercices instructifs.

On l'a déjà remarqué, la part que César s'attribue de préférence dans les événements de la guerre, celle dont il semble le plus fier, est une influence morale. *César harangua son armée,* est presque toujours la première phrase de la description des batailles gagnées. *César n'était pas arrivé assez tôt pour parler à ses soldats, pour les exhorter à se bien conduire,* est l'accompagnement habituel du récit d'une surprise ou d'une déroute momentanée. Le général prend constamment à tâche de s'effacer devant l'orateur, « et de vray, dit le judicieux Montaigne, sa langue lui a faict en plusieurs lieux de bien notables servïces. »

Eh bien! que l'on compare les proclamations du héros moderne et les harangues du conquérant des Gaules : quelles réflexions utiles inspirera ce rapprochement!

Mettez en regard les récits de Mantoue, de Rivoli, de la Favorite et les immortels *Commentaires ;* lisez et relisez ensuite cette analyse des *Commentaires,* écrite par Napoléon, dans cette langue militaire, exacte et colorée, sévère et pressante, qui n'appartient qu'à lui ; rapprochez l'analyse du texte, et vous avouerez que la langue même de César ne peint pas, ne rend pas présentes les grandes scènes de la guerre avec ce mouvement et cette vérité. La bataille si disputée de la Sambre est plus claire, plus saisissante dans le récit de Napoléon que dans celui de César. Le récit de Napoléon est en deux pages ; celui de César en emploie plus de dix. Il faut se rappeler que ce que les anciens ont le plus admiré dans les écrits de César, c'est la brièveté, la fermeté, le nerf, *vim Cæsaris ;* Tacite l'appelle *summus auctorum, divus Julius,* le divin César, le plus grand des historiens, c'est-à-dire l'historien à qui la grandeur de ses actions a permis de dédaigner les beautés du style que les écrivains de profession, et Tacite lui-même, étaient obligés de rechercher. Cicéron a dit des *Commentaires,* que leur glorieux auteur « n'avait eu que la prétention de laisser des matériaux à l'histoire, et qu'il avait tendu en cela un piége aux insensés qui tenteraient un jour de le parer d'ornements d'emprunt. » Les *Commentaires* ont rencontré, au bout de deux mille ans, un homme dont la vie avait été encore plus active, la destinée plus extraordinaire que celle de César, et à qui il était permis, non pas d'étendre et d'orner César, mais de le réduire et d'être encore plus dramatique, plus instructif et plus clair que lui-même en l'abrégeant.

Si on se contente de rapprocher le *livre* de Napoléon des classiques français, il en résultera, au point de vue du style et de la langue, des leçons non moins intéressantes pour la jeunesse qui fréquente les lycées et les colléges de l'Empire.

Les œuvres de l'illustre Empereur sont comme des lames d'airain sorties de cette fournaise ardente qu'on appela la Révolution française ; on y sent la vie, la couleur, la passion, la grandeur et la force ; on y trouve la manifestation vraie de la pensée, la loyauté et la noblesse de l'écrivain. Il s'exhale de ce style, de cette éloquence, un parfum d'honnêteté et de patriotisme qui élève l'âme, la fortifie, la pousse au dévoûment et à l'accomplissement du devoir.

Dans son testament, Napoléon a dit : « Je désire que mes cendres reposent sur les bords de la Seine, au milieu de ce peuple français que j'ai tant aimé. »

Ce vœu a été exaucé. Il y a vingt-cinq ans, la France éleva un magnifique tombeau sur les *bords de la Seine,* au plus grand de ses capitaines et au plus illustre de ses enfants.

Mais il ne suffit pas pour honorer un tel homme, de déposer ses cendres à l'Hôtel des Invalides, de graver son nom et ses traits sur le marbre ou le bronze, de lui dresser des statues sur nos places publiques et dans les galeries de Versailles, de faire son apothéose dans des mélodrames de boulevard. Ce sont ses écrits, ses pensées, ses sentiments, son âme qu'il faut répandre et faire pénétrer dans l'esprit et dans le cœur de notre génération. Toutes les pensées de Napoléon sont le fruit de l'expérience sans égale qu'il acquit pendant vingt ans en faisant les affaires de la France dans le conseil et sur les champs de bataille. Tout ce qu'a laissé après elle cette grande intelligence renferme des enseignements précieux qui doivent entrer dans l'éducation nationale. Il en coûte cher à une nation pour former un écrivain tel que César ou Napoléon ; mais quand, au prix du sang et des larmes des générations, le gouvernement, la guerre et les affaires ont développé de ces demi-dieux parmi les hommes, rien de ce qu'ils ont dit et pensé ne doit être perdu pour leur postérité.

L'Université doit son existence à Napoléon ; le ministre qui marche à sa tête se glorifier sans doute d'acquitter, au nom de l'Université, une dette de piété filiale.

FIN

Alais — typographie et lithographie de A. Veirun.